Achada Mamisse Flore Abbe

Premier Amour

Achada Mamisse Flore Abbe

Premier Amour

Premier Amour 1

Éditions Muse

Imprint

Any brand names and product names mentioned in this book are subject to trademark, brand or patent protection and are trademarks or registered trademarks of their respective holders. The use of brand names, product names, common names, trade names, product descriptions etc. even without a particular marking in this work is in no way to be construed to mean that such names may be regarded as unrestricted in respect of trademark and brand protection legislation and could thus be used by anyone.

Cover image: www.ingimage.com

Publisher:
Éditions Muse
is a trademark of
Dodo Books Indian Ocean Ltd. and OmniScriptum S.R.L publishing group

120 High Road, East Finchley, London, N2 9ED, United Kingdom
Str. Armeneasca 28/1, office 1, Chisinau MD-2012, Republic of Moldova, Europe
Printed at: see last page
ISBN: 978-620-4-96593-2

PROLOGUE

L'imagination, c'est grâce à elle que vous tenez ce livre entre vos mains. Sans elle, le monde n'aurait pas de sens. La plupart de toutes les personnes qui ont réussi dans ce monde ont commencé par imaginer, se projeter et par rêver. Ne dit-on pas que nous devons viser haut ? Comment viser haut si nous ne savons pas imaginer ? Comment se projeter si nous n'avons pas une image concrète de ce que nous voulons réaliser ? Comment rêver si nous n'avons aucune image en tête pour construire les éléments de notre imagination ? Vous voyez à présent à quel point l'imagination est un élément essentiel pour une personne qui ne vit pas pour subir la vie mais qui vit pour jouir de la vie. Laissez-vous donc emporter par une scène dans ce roman de romance et d'amour torride. Elle vous permettra de connaitre les avantages lorsqu'on est conscient de l'importance de l'imagination.

L'influence, nous sommes tous influencés par toutes sortes de paroles, d'actions et aussi de pensées. L'influence a deux aspects, l'aspect bénéfique et l'aspect catastrophique. Sans influence, pensez-vous réellement que vous aurez envie de continuer à vivre ? Pourquoi continuer à vivre si nous avons conscience qu'un jour ou l'autre la mort nous tombera déçu par surprise ? Pourquoi continuer à travailler pour nourrir un corps qui même avec une alimentation saine peut du jour au lendemain décider de s'arrêter de fonctionner ? Nous sommes influencés par certains plaisirs de la vie, certaines responsabilités, certaines situations, certains sentiments et aussi certains rêves qui nous poussent ou nous obligent à agir, à avancer, à évoluer, à aimer et à continuer de vivre. L'influence est aussi considérée comme une arme pour ceux qui ont conscience de son utilité et savent l'utiliser. Ces personnes ont tout le pouvoir sur les autres, sur tous ces gens sans imagination, sans rêve, sans influence. Venez donc faire connaissance avec Bryce le personnage principale de ce roman, il vous dévoilera comment l'influence a changé toute sa vie surtout sa vie avec son premier amour.

CHAPITRE 1 : L'imagination.

« L'imagination est l'une des forces de l'audace humaine. » Gaston BACHELARD (1884-1962)

Ce n'était pas la première fois qu'un diner aux chandelles se préparait dans la maison luxueuse du couple James. Monsieur James Bryce était rentré très tôt du travail pour faire plaisir à son épouse. Ce soir-là, le menu était composé de poulet rôti aux pommes de terre au four accompagné d'une crémeuse sauce aux champignons. C'était sur une danse de Samba qu'il cuisinait son plat. Pieds joints, le pied droit en arrière, balancement de la hanche gauche, le pied gauche en arrière balancement de la hanche droite, le pied droit en avant balancement de la hanche gauche, le pied gauche en avant balancement de la hanche droite et ainsi de suite. C'était donc sur ces mouvements qu'il engageait sa samba en cuisinant. Il ouvra la porte de four en chantant « And i, love you, ahhhh, chanta Bryce ».

Bryce sortit son plat à gratin du four et se hâta de le poser sur l'îlot dans le but de se soustraire à une brulure des doigts. Malheureusement pour lui, il se prit une légère brûlure et cria : « Oups ! J'ai bien failli tout renverser là. J'espère qu'elle appréciera mon plat. »

Puis, un pas en avant, un pas en arrière puis déhanchement. C'était toujours sur ces pas de danse qu'il allait, tout joyeux, assaisonner sa sauce. Pendant ce temps, le fleuriste, un homme avec un visage ridé , des yeux verts et des cheveux gris était en train d'installer un bouquet de fleur au centre de la table prévu pour le diner . Lorsqu'il finit de l'installer, il interpella Bryce. « Jeune homme ? »

Bryce arrêta sa danse majestueuse et répondît : « Oui monsieur !

- Jeune homme ? répéta le fleuriste. »

Bryce le regarda en fronçant les sourcils .Ce monsieur avait quoi à crier son nom comme ça dans sa maison ? Ne pouvait-il pas comprendre que Bryce était occupé ? Il ignorait que ce vieux monsieur souffrait de presbyacousie. « Oui, monsieur ! hurla Bryce sur un ton un peu plus élevé que la première fois.

- J'ai terminé. Pouvez-vous prévenir votre père que je suis sur le point de partir s'il vous plait ? , dit-il d'une voix un peu rouillée, j'aimerai qu'il me signe le bon de livraison. »

Bryce trouva sa demande très surprenante car il avait quitté la maison familiale il y a de cela 6 mois. Il ne le comprit pas et le questionna : « Mon père ne vit pas ici. Pourquoi demandez-vous après lui ?

- S'il ne vit pas ici, qui a donc commandé ces fleurs ? demanda le fleuriste.
- Bah moi, c'est moi, monsieur Bryce James, précise-t-il ».

Les fleurs qu'avait commandées Bryce étaient hors de prix. Le fleuriste ne pouvait pas **imaginer** qu'un jeune homme comme Bryce pouvait s'en en procurer. Il s'était par ailleurs **imaginé** et convaincu que Bryce était le cuistot de la maison. Le fleuriste se sentit médusé par la déclaration de Bryce et lui demanda avec insistance : « Etes –vous vraiment monsieur Bryce James ? »

Bryce se mit à se tordre de rire. Il se disait à ce moment que c'était surement les effets de la vieillesse qui se manifestaient chez le fleuriste. Il répondit à sa question d'un ton calme et apaisant en disant : « Il s'agit bien de moi, n'ailliez pas peur .Je peux même vous faire voir ma pièce d'identité si vous voulez.

- Quoi ! J'ai un déficit auditif. Veillez parler plus fort, précisa le Fleuriste.
- JE SUIS BRYCE JAMES, CELUI LÀ MÊME QUI A COMMANDÉ ET PAYÉ POUR LES FLEURS ! hurla Bryce.
- JE NE VOUS CROIS PAS !
- Mais doucement ! Je ne suis pas sourd moi. Parlez normalement s'il vous plait ! déclara Bryce.
- Pourquoi me traitez-vous de sourd ? Je vous entends bien, on discute sans user de la langue de signe n'est-ce-pas? précisera le fleuriste.
- Mais il y a un instant vous m'avez demandé de hausser le ton, dit Bryce en étant surpris.

- J'avais bien dit déficit auditif et non que j'étais sourd ! précisa le fleuriste. »

En effet, le fleuriste portait à son oreille un appareil auditif un peu abimé. Lorsqu'il s'éteignait, il avait des difficultés à entendre et lorsqu'il s'allumait, il entendait mieux. Bryce remarqua ce dysfonctionnent grâce à la lumière émise à chaque fois que l'appareil se mettait en marche. Il quitta sa grande cuisine moderne pour rejoindre le fleuriste dans la salle à manger ouverte sur le salon. Il demanda au fleuriste : « Ça va ? Vous m'entendez mieux ?

- Bah je vous entends mieux, répondit le fleuriste.
- Du coup, je disais, je suis monsieur Bryce James, précisa Bryce.
- J'aimerais voir votre pièce d'identité sinon je retourne avec mes fleurs. S'exclama le fleuriste.
- Mais j'ai déjà payé pour ces fleurs vous n'allez les reprendre à moins que vous me remettez immédiatement mon argent ! exigea Bryce.
- Dans ce cas présentez moi simplement votre pièce d'identité si vous ne vous reprochez rien, répliqua le fleuriste.
- Ma pièce d'identité ! Etes-vous sérieux là ? Demanda Bryce.
- Vous avez porté mis un tablier de cuisine, derrière l'îlot de cuisine, j'ai cru que vous étiez le cuisinier de cette grande maison, à vous voir là, maintenant, avec votre gros pantalon qui traine à peine sur le sol, cette grosse chemise délavée, puis le machin là …décrit le fleuriste en pointant son doigt sur la bouche de Bryce.
- C'est un grillz, précisa Bryce.
- Oui, ce bijou là sur vos dents. Sachez qu'avec tous ces petits détails là, il est difficile de vous faire confiance, déclara le fleuriste.
- vous demandez vraiment à voir ma pièce d'identité ?
- Bien sûr que oui. Je fais juste mon travail, répondit le fleuriste»

Bryce redressait ses sourcils. Mais attends, il était sérieux là ? Qu'est-ce que Bryce faisait ou qu'est-ce que son image présentait de louche qui aurait amené cet homme à se méfier de lui ? Il alla récupérer sa pièce d'identité mais bien avant, il referma la porte du salon et celle qui reliait le salon à la terrasse parce que lui aussi commençait à se méfier de ce vieux monsieur beaucoup trop exigeant. Le fleuriste comprit ce qu'il s'était **imaginé** et lui dit : « Vous n'avez pas à fermer toutes les portes .De toutes les façons, il y'a des gardiens dehors.

- Surprenant ! Venant d'un homme qui réclame une pièce d'identité. Pourtant, je vous ai bien payé la somme que je vous devais avant la livraison, répondit Bryce en étant sur les escaliers qui donnaient accès à la différente chambre de la maison.
- Désolé, c'est mon travail. Je veux juste m'assurer d'être dans la vraie maison, rétorqua le fleuriste.
- Je veux juste m'assurer de retrouver mon salon à mon retour, objecta Bryce en souriant de manière ironique. »

Le fleuriste observait toute la maison. Il vu la photo de mariage de Bryce et sa femme Solange. Il comprit à cet instant qu'il s'agissait bien d'un homme marié mais pas de monsieur Bryce James. Il resta arrêté, serein en attendant que Bryce revint avec sa pièce d'identité. A son retour, Bryce lui donna sa pièce d'identité et dit : « Tenez donc, monsieur l'agent du FBI ! »

Le vieillard prit la pièce, l'approcha à quelques centimètres de ses yeux. Bryce l'observa en fronçant les sourcils et : « Vous n'allez pas me dire que vous êtes aussi aveugles !

- Pardon ? Qu'est-ce que vous avez dit ? »

Bryce s'aperçut que la lumière qui s'instillait sur l'oreille du vieux s'était éteinte. Il en était satisfait et riait de ce qui venait de se passer et hurla : « NON, JE N'AI RIEN DIT ! »

Le vieillard retira son étui à lunettes de la poche de son pantalon et les porta. Il approuva le fait que le Bryce James sur la pièce d'identité était vraiment celui qui se tenait en face de lui et dit : « Alors là, vous êtes vraiment monsieur Bryce James et vous avez 26 ans en plus. »

Bryce lui retira sa pièce d'identité des mains brusquement. Qu'est-ce qu'il pouvait bien chercher à voir de plus ? Sa taille ? Bah il pouvait bien la deviner puisse qu'il se trouvait en dessous de Bryce. Il lui dit : « Remettez moi donc ce document que je le signe s'il vous plait. J'ai un diner à faire. »

Le vieillard lui remit le bon de commande et Bryce le signa. Il rangea ses lunettes dans sa poche avant de mettre le bon de commande dans sa vieille sacoche noire un peu délavée. Avant de retourner à la cuisine, Bryce alla jeter un coup d'œil au travail de fleuriste en disant en son for intérieur : « Je crois que je vais vérifier ce qu'il a fait, vu qu'il a des problèmes de vision et d'audition. J'espère qu'il avait bien compris quand je lui disais de poser le bouquet de fleur au centre de la table à manger. »

Le fleuriste avait bien fait son travail et Bryce en était satisfait. Il retourna dans sa cuisine lorsque ce dernier l'interrompra à nouveau en s'exclamant depuis la porte de sortie : « Jeune homme ? »

Bryce prit la peine de vérifier si son appareil était allumé avant de lui répondre. Il vérifia et il était allumé. Quel soulagement pour Bryce ! Il posa son torchon sur l'ilot et répondit : Oui monsieur !

- Il s'agit bien de votre maison ? demanda le fleuriste.
- Non, celle de ma femme. Répondit Bryce
- Est –ce une manière de mal me parler ? Je suis beaucoup plus âgé que vous et vous me devez un minimum de respect voyons !

Bryce était étonné par sa réaction. La maison appartenait vraiment à son épouse. Pourquoi avoir posé cette question s'il s'était déjà **imaginé** à qui la maison pouvait bien appartenir ? Etait-ce une manière pour lui de débuter une nouvelle discussion ? Bryce n'en voulait pas car il avait un diner à terminer. Par politesse il répondit : « Désolé, si vous le prenez ainsi mais c'est la vérité. Il s'agit bien de la maison de mon épouse.

- Ce grand pal ais avec un jardin de près de 3000 mètres carrés appartient vraiment à cette jeune fille que je vois sur cette photo ou il s'agit là de votre sœur et que votre femme est beaucoup plus vieille que vous ? Demanda-il.

Bryce se demandait bien ce que ce vieux lui voulait au juste. Ne pouvait-il pas rentrer chez lui et le laisser s'occuper de son diner romantique ? Il était agacé mais ne pouvait être malpoli envers ce vieux monsieur. Il croisa ses mains et répondit : « Il s'agit bien de la maison de ma femme monsieur.

- Ah ces jeunes ! Ils ne veulent pas travailler et voilà qu'ils se retrouvent à faire les majors d'homme dans la maison de leur femme. Déclara-il.
- Pardon ! S'exclama Bryce.
- Vous êtes un homme et vous cuisinez pour votre femme pendant qu'elle est surement au boulot, déclara le fleuriste.
- Et alors ? Demanda Bryce.
- Et alors ? Heureusement que j'ai envoyé ma fille à l'école parce qu'on ne peut plus compter sur les jeunes de cette génération pour assumer leurs responsabilités.
- Vous avez bien fait monsieur. Répliqua-t-il.
- Je vous le dis mon petit, partez donc chercher du travail car les femmes n'ont jamais aimé les hommes beaucoup trop romantiques et paresseux.
- Merci pour les conseils rentrez bien. Dit-Bryce. »

CHAPITRE 2 : L'influence

« L'influence de la vanité sur une cervelle fragile engendre toutes sortes de désastres. » De Jane Austen.

Bryce reprit sa préparation. Il pensait à ce que le fleuriste lui avait dit à propos des femmes, sur le fait qu'elles n'aimaient pas les hommes gentils. Il se demandait bien s'il n'en faisait pas trop pour son épouse Solange. Il cuisinait presque tous les soirs pour eux et les jours où il ne le faisait pas, ils allaient manger au restaurant. Elles ne faisaient pas la vaisselle ni le ménage mais était une grande professionnelle dans le désordre. Il n'avait pas pris le temps de mieux faire sa connaissance avant de l'épouser parce qu'il vivait avec la peur de courtiser les femmes. Ce qui l'a poussé à accepter un mariage arrangé. Il était un peu bousculé par tout cela. Etait-il en train de se transformer en une meuf dans ce mariage ? Etait-il vraiment considéré comme l'homme, le chef de la maison ? Etait-il en train de tout donner par peur de perdre la seule et unique femme qu'il avait connu dans sa vie ? Etait-elle vraiment amoureuse de lui ? Comment quelques mots banals sortis de la bouche d'un parfait inconnu pouvaient **influencer** l'image parfaite qu'il avait de son mariage ? Tout comme Adam, Bryce venait de croquer la pomme qui ouvrait les esprits et apportait la connaissance du mal et du bien. Il arrêta sa dance majestueuse et mit les couvercles sur la table. Il sursauta tout d'un coup à cause de la sonnerie de son téléphone. Il décrocha et dit : « Allo ?

- Bonsoir chéri ça va ? Répondit-Solange.
- Oui et toi ?
- Je vais bien. Tu es déjà rentré ?
- Oui, comment tu as su ?
- Bah…Je n'entends pas de bruit de camion. Ricana-t-elle.
- Ah, Ah, Ah et toi toujours au bureau ?

- Oui, je suis sur le point de rentrer .Je comptais nous acheter de la nourriture. Qu'est-ce que tu prends ? Demanda Solange. »

Bryce hésita avant de répondre .Il ne voulait pas lui faire comprendre qu'il était en train de lui préparer un diner surprise. De toutes les façons, une nourriture au frigo n'était rien de perdu. Il se décida enfin de répondre et dit : « Bah… Choisis pour moi ou je prendrai tout simplement ce que tu prendras.

- D'accord, à tout à l'heure alors, bisous ! déclara-t-elle.
- Bisou, je t'aime.
- Moi aussi, bye ! »

Solange était sur le point de quitter son bureau. Elle éteignit son ordinateur, ensuite regarda la photo de son mari Bryce qui était encadrée et posée sur son bureau en verre et dit en son for intérieur : « Mon beau trésor, je suis impatiente de te revoir et de me blottir dans tes bras » .Elle prit la photo et la mit contre sa poitrine. Elle était ingénieure en aéronautique et ingénieure en architecture. Elle travaillait dans une grande entreprise familiale de fabrication d'avion et en était la directrice générale. Elle avait remplacé son père qui était beaucoup trop vieux pour continuer à programmer et à créer des applications pour faire la mise à jour de certains systèmes des avions. Petite de taille mais avec beaucoup de chose dans la tête un grand génie. A seulement 22ans elle avait dessiné le plan de la maison dans laquelle elle vivait avec son mari Bryce. Une belle œuvre architecturale. Après avoir fini de ranger certains documents elle décrocha à son téléphone qui était en train de sonner et dit : « Allo !

- Solange, c'est Rose je t'appelle avec le numéro d'une copine là, répondit Rose.
- Oui, Rose comment vas-tu ? demanda Solange.
- Je vais super bien, ça fait un bon moment que je ne te vois plus en boite là ! , déclara Rose, Ça se passe bien ton mariage ?

- Oui, très bien, dalleurs si je ne fréquente plus trop ces endroits c'est parce que mon mari est beaucoup trop discret tu vois, précisa Solange.
- Oh **l'influenceur** ! Il a réussi à te transformer en femme au foyer c'est clair !déclara Rose.
- FEMME AU FOYER tu dis ? S'exclama Solange.
- Oui, toi Solange la grande fêtarde, un vendredi soir tu ne sors pas c'est étonnant ! précisa Rose.
- Ouais, mais je ne suis pas femme au foyer je travaille toujours, rétorqua Solange.
- Tu travailles ? s'étonna Rose.
- Oui, tu sais que j'aime travailler c'est comme de la drogue pour moi le travail. Si je ne travaille pas alors je n'existe pas, répliqua Solange.
- Sacrée Solange, avec le mec friqué que tu as épousé là tu continues de travailler. Je te respecte grave pour cela. Dis-moi comment tu fais pour déstresser maintenant ?

Rose était l'une des meilleures amies de Solange quand elle était à l'université. Elle passait toutes ses soirées avec Solange dans les bars du pays. Elle était surtout celle qui lui envoyait de la drogue pour l'aider à s'évader et déstresser. Solange sourit après la question de Rose et répondit : « Bah j'ai mon mari.

- Ton mari t'aide à déstresser ? demanda Rose.
- Oui, j'ai plus besoin de drogue pour ça. Tu vois là je suis en train de quitte le bureau comme ça et tu n'imagines pas à quel point je suis impatiente de rentrer à la maison, me blottir dans ces bras, sentir son parfum et lui faire tellement de bonnes chose.
- Oh la coquette ! Je suis contente pour toi. Moi je suis toujours accro à cette merde et à l'alcool, déclara Rose.
- L'alcool là, je n'arrive pas à m'en défaire, dit Solange en riant.

- Ça ira frangine ! Je crois que je vais te laisser rentrer chez toi à plus tard ! dit Rose.
- Portes-toi bien et surtout amuses toi bien ce soir ! Dit Solange. »

Solange avait quitté son travail et s'était rendue dans un restaurant. Elle avait fini de commander ses plats et était assise à une table du restaurant lorsque la gérante l'interrompra : « Qui a commandé deux plats de techp au poulet.

- C'est moi ! Répondit Solange en levant la main.
- Allez –vous emporter vos plats ou les prendre pour partir ? Demanda la Gérante.

Solange fut surprise par cette question. Elle ne comprenait pas vraiment ce qu'elle voulait dire. Peut-être qu'elle s'était trompée en disant cela. Solange la corrigea en disant : « Bah c'est la même chose que vous avez répété.

- Vous êtes venue en voiture ? Demanda la gérante.
- Bah… oui, répondit Solange
- Alors c'est pour emporter, précisa la gérante. »

Solange ainsi que toutes les personnes présentes se mirent à rire à gorge ouverte. Les personnes qui n'avaient pas de voiture ne s'étaient pas laissées **influencer** par cette blague qui disait qu'elles étaient différentes de celles qui avaient une voiture. Pourquoi s'adresser à elles avec un langage courant et aux personnes ayant une voiture avec un langage soutenu ? L'un des piétons réagit sur cette blague et dit : « Moi je ne trouve pas cela marrant

- C'est juste une blague monsieur ! dit la gérante.
- Vous nous devez à tous du respect qu'on est une voiture ou pas nous sommes vos clients.
- Je suis désolée monsieur, vous avez raison. Ce n'était sérieux. Dit la gérante avec un ton came et apaisant. »

Le client piéton s'était laissé **influencer** par cette douceur et s'était calmé.

CHAPITRE 3 : La colère

« La colère chez les bons cœurs, n'est qu'un besoin pressant de pardonner ! » De Pierre-Augustin

Bryce finit de prendre son bain .Il zieuta son chef-d'œuvre quand il détecta des sons extérieurs qui mettaient en relief l'arrivée de son épouse. Il éteignit en un tour de main toutes les ampoules de la salle de vie de manière à intensifier la lumière de ses bougies royales pour au final s'accroupir derrière l'îlot de sa cuisine. Madame James entra dans la salle de vie et nasilla en refermant la porte derrière elle : « Quoi de neuf docteur ? »

Silence radio, Bryce ne répondit pas à sa salutation .Elle s'avança près de la table à manger en y faisant le tour. Elle fut saisie par le parfum du poulet rôti qui se répandait dans tout le salon. Elle prit une bonne bouffée d'air, secoua son popotin et dit : « Je sens qu'on va le faire ce soir ! »

Monsieur Bryce toujours accroupi derrière l'îlot sourit en disant en son for intérieur : « Je t'enverrai au septième ciel ce soir. »

Elle posa son sac à main dans le canapé puis revint gouter la sauce aux champignons en y trempant ses doigts. Celle-ci qui était chaude, l'avait chauffée les doigts. Elle prit peur et cria : « Ah ! Aie ! Oh ! C'est chaud. »

Bryce caché derrière l'îlot comprit la bêtise que venait de commettre son épouse. Il surgit de sa cachette pour la réprimander en disant : « Mais chérie !

- Mais tu m'as effrayé bon sang ! s'étonna-t-elle, les doigts à peine sortis de sa bouche.
- Désolé, tu t'es lavé les mains ? dit-t-il en essayant de se calmer.

- Bah non, lança-telle en léchant ses doigts le regard innocent différent de celui de son mari qui est apathique. »

Bryce avait la mysophobie et vivre avec une personne beaucoup trop négligente sur l'hygiène ne l'avait jamais dérangé jusqu'à ce qu'il goute à la pomme de la connaissance que lui avait donnée le fleuriste. Il reprit son calme et lui dit : « D'accord, ce n'est pas grave.

- Mais que tu es beau mon amour !s'exclama Solange.
- Grace à toi bien sûr. Tu as appliqué tes talents d'architecte à ma garde de robe. Je me sens comme l'une de tes duplex vitrées construite sur les lagunes, class et différent.
- Tu racontes des bêtises, tu as toujours été aussi beau, précisa Solange.
- Tu le dis parce que je suis ton mari sinon je sais que sans ton coup de main j'allais débarquer avec un gros jeans, gros bas et une grosses chemise délavée. rectifia Bryce. »

Solange se mit à rire aux éclats. Il avait raison, Bryce s'habillait souvent comme un vieux retraité qui avait décidé de ne plus rien forcer dans la vie et parfois comme un rappeur américain des temps anciens. Il allait au boulot avec ses horribles vêtements qui faisaient de lui un sujet de rigolade pour ses employés. Solange avait décidé de changer sa garde de robe il y'a de cela deux jours. Elle s'arrêta de rire lui dit : « Mais pourquoi l'avoir mis aujourd'hui ? On dine à la maison n'est-ce pas ?

- Oui mais ce diner est spécial, ne vois-tu pas ce pot de fleur posé sur la table ? Dit-il.
- Un instant… »

Solange aperçu le bouquet de fleur sur la table et ouvrit grandement les yeux en disant : « Ce sont des roses, pour moi ?

- Pour toi mon soleil et mon ange Solange. Dit-il d'une voix douce. »

Il se courba un petit peu pour lui donner un baiser car elle était beaucoup trop petite de taille comparée à son mari. Elle le sera fort dans ces bras en disant : « J'étais tellement absorbée par le parfum de ton poulet rôti que je n'ai pas vu ce magnifique pot de fleur ! Qu'elles sentent bon… Mais pourquoi m'avoir fait acheter de la nourriture ?

- C'était pour gagner un peu de temps et aussi pour ne pas gâcher ma surprise, répondit Bryce.
- Oh, tu es trop adorable mon géant. Dit-elle.
- Allez, va te débarbouiller le temps que je range toute cette nourriture au frigo, annonça-t-il. »

Elle se jeta dans ses bras en le serrant fort contre elle. Bryce reçut comme de l'électricité, traversant tout son corps. Il allait ranger la nourriture qu'avait apportée Solange. Quelques temps après, elle l'avait rejoint, vêtue d'une petite robe marine accompagnée de chaussures avec des petits talons. Bryce s'exclama en disant : « Wow ! Quelle déesse !

- Arrête ! Tu vas me faire rougir. dit-elle en avançant avec élégance telle une reine de beauté.
- Oh non ! je n'arrive pas à le croire .S'exclama Bryce.
- De quoi tu parles ?
- J'ai épousé une bombasse. »

Solange se mit à rire. Il lui tira la chaise pour qu'elle puisse s'asseoir. Le diner se passait dans le calme jusqu'à ce que Bryce se souvienne des mots du fleuriste. Solange dégusta son plat avec amour et dit : « C'est trop bon, j'adore !

- Je suis ravie que tu apprécies mon plat. Répondit Bryce.
- Normal tu es un grand chef, précisa Solange.
- J'espère que tu ne bouderas pas avant de faire la vaisselle cette fois-ci, dit Bryce

- Moi, bouder, qu'est-ce que tu racontes ? demanda Solange.
- Arrête de faire la maline, on sait tous les deux que tu détestes faire la vaisselle. Précisa-t-il.
- Pas que je déteste, mais je trouve cela épuisant tout simplement.
- Alors pourquoi tu refuses de prendre une femme de ménage ? Demanda-t-il.

Solange scruta Bryce un instant, son regard justifiait la raison pour laquelle elle ne voulait pas prendre de femme de ménage. C'était lui, l'unique raison pour laquelle cette idée de femme de ménage l'exaspérait. Il ne travaillait pas à plein temps comme elle et passait la plupart de son temps à la maison .Le laisser seul avec une femme de ménage lui faisait beaucoup trop peur. Elle était sûre qu'il n'allait jamais aller draguer dehors parce qu'il était beaucoup trop timide et faisait attention à son image. Par contre, laisser son beau et riche homme avec une femme dont elle ignorait les intentions était inacceptable. Elle prit une bouchée de son plat en disant : « On est mieux ainsi chéri. Regarde autour de toi. »

Bryce regarda autour de lui et déclara : « 'est fait et alors ? »

Solange se mit à rire et répondit : « Alors nous allons très bien comme ça, seuls, sans personne autour de nous pour nous observer, en train de faire nos petits jeux coquins. En plus, le service de nettoyage vient tous les dimanches faire la lessive et le ménage. On peut gérer le reste ensemble ce n'est pas si compliqué que cela.

- ON ? Tu ne fais jamais rien, soit tu es épuisée soit tu as tes règles ou tu n'es pas d'humeur à faire la vaisselle. S'exclama-t-il.
- Tu as préparé ce diné avec amour, on ne va pas le gâcher en parlant de vaisselle chéri. Dit-elle. »

Bryce se mit un petit peu en **colère**. Bien qu'il était gentil, doux et tout ce qu'il pouvait avoir de mignon dans ce monde, il sentit sa dignité d'homme être en train d'être bafouillée. Surement à cause de la critique qu'avait faite le fleuriste sur sa dignité en tant que homme. Il n'allait tout de même pas passer son temps à faire la vaisselle pendant qu'il était marié à une femme qui , grâce à Dieu , n'était pas malade. Il s'arrêta de diner et hurla : « Solange je suis ton mari .Je ne peux pas passer tout mon temps à faire la vaisselle, ranger tout le bazar derrière toi quand tu finis de chercher un document ou un vêtement ! Je ne peux pas passer tout mon temps à nettoyer la maison quand tu es couchée dans ta chambre en train de discuter avec tes copines !

- Je travaille presque tous les jours je te rappelle, dit-elle en haussant aussi le ton.
- Moi aussi je travaille. Dit-il.
- Mais pas tous les jours comme moi, tu as des ingénieurs à ta merci pour s'occuper de presque tout dans ton entreprise. Pourtant, je ne peux pas me permettre de laisser travailler mes employés seuls, sur des applications qui, si elles ne sont pas vérifiées, pourront détruire la vie de plusieurs personnes, dit-elle en haussant toujours la voix.
- Dans ce cas, prenons une femme de ménage. Exigea –t-il.
- Comme tu ne sais pas draguer alors tu préfèrerais que je t'envoie moi-même, une salope avec qui tu passeras ton temps à me tromper n'est-ce pas ? Déclara-t-elle. »

Bryce était choqué, Solange venait de lui lancer au visage son seul défaut .Il se disait peut-être, qu'elle croyait que c'était à cause de cet handicape qu'il avait accepté de se marier avec elle. Il se posait beaucoup de question. Comment pouvait-elle ramener la situation à ce qui faisait partie de son passé ? Il ne savait pas draguer certes, mais était maintenant un bon et gentil mari. Ne pouvait-elle pas le comprendre et essayer d'améliorer la situation? Il se leva de la table et dit : « Tu es sérieuse là ?

- Je suis à bout de course là Bryce ! Je viens du boulot épuisée et tu reviens encore avec tes histoires de vaisselles et de ménage. Je fais des efforts pour rester à la maison avec toi un vendredi soir et toi tu t'arranges pour tout foutre en l'air, dit-elle en haussant toujours la voix. »

Solange faisait également des efforts pour Bryce. Ce n'était pas dans ces habitudes de rentrer se reposer à la maison d'une journée de travail épuisante. Elle avait l'habitude de se souler, se droguer et de s'amuser en compagnie de ses amies dans des bars. C'était sa manière à elle d'évacuer tout le stress du boulot. C'était donc par amour pour son époux qu'elle rentrait tous les soirs à la maison dans l'unique but de faire fonctionner ce mariage. Pour elle, faire la vaisselle, la cuisine et le ménage était de trop et le fait qu'elle ne voulait pas de femme de ménage horripilait Bryce. Pour lui, elle ne voulait pas assumer son rôle de femme. Le comble, choisir comme excuse le fait qu'il allait la tromper si elle faisait venir une femme de ménage était de trop. Elle venait de le traiter d'homme infidèle et en même temps de trouillard parce qu'elle l'a bien dit, qu'il était incapable de draguer. Si Solange l'avait su, elle n'aurait jamais dit ce genre de choses. En tout cas, pas aujourd'hui où il avait gouté à la pomme de la connaissance. S'en était trop pour lui, il quitta la table sans lâcher un seul mot. Solange se leva en essayant de suivre son mari qui montait les escaliers et dit : « Mais pourquoi tu te lèves ? Viens qu'on termine ce diner, je suis désolée chéri. Je ne voulais pas te vexer.

- Fallait y réfléchir avant de me crier là-dessus comme si j'étais un enfant, dit-il en continuant son chemin vers les chambres. »

Bryce avait récupéré la clé de sa Mercedes 300 SRL Uhlenhaut et n'avait pas changé ses nouveaux vêtements class qu'il avait portés. Il était sur le point de partir lorsque Solange se leva pour l'empêcher de sortir et dit : « Où vas-tu ?

- Je ne veux pas être malpoli envers toi .Dit-il en ayant les yeux larmoyants. Cède-moi le passage!
- Il se fait tard, reste s'il te plait. Précisa-t-elle.
- De quoi as-tu peur ? De toutes les façons je ne sais pas aborder une femme, je ne mérite pas que mon épouse me fasse la vaisselle ou le ménage, de

toutes les façons je ne suis pas un vrai mec alors laisse-moi aller prendre un peu d'air. »

C'était sur cette ambiance peu agréable que Monsieur James était sorti de sa maison. Solange terminait son repas toute seule. Elle comprit qu'elle avait merdé. Pour oublier ses soucis elle prit une bouteille de vin Pétrus pour accompagner son plat et avait mis une musique de détente. Solange se souciait pour son époux. Il n'avait jamais eu une réaction pareille. D'habitude, il ne se mettait pas en **colère** quand elle décidait de ne pas faire la vaisselle. Malheureusement pour elle, c'était la goutte d'eau de trop, celle qui a fait déborder l'océan. Elle but jusqu'à en perdre la raison. Après tout, c'était vendredi soir, elle revenait d'une semaine surchargée de boulot et si son mari avait décidé de faire les gros durs en sortant tard de son domicile, lui un homme beaucoup trop sage. Qui était –elle pour ne pas faire de bêtises ? Solange commença à ressentir les incidents de l'ivresse sur son corps et sur son psychisme. Elle se mit sur ses talons, dansant tout doucement au rythme de la musique et dit : « Je suis désolée mon chéri mais j'ai peur, j'ai peur de te perdre. Tu es si innocent et si beau. Quelle femme ne voudrait pas d'un homme de 2 mètres 06, costaud, beau, intelligent et si romantique que toi dans son lit et même dans sa vie ? Dit-elle en buvant son vin à la régalade. »

Bryce était en train de prendre un thé dans un restaurant 5 étoiles de la ville. Il pensait à tout ce que son épouse lui avait dit. Il se sentait frustré car il donnait tout pour que son mariage avec Solange soit parfait. Il ne pouvait pas comprendre qu'une relation parfaite n'existait pas et qu'il fallait tout simplement vivre avec la personne qu'on aime en acceptant ses défauts et aussi ses qualités. Il ignorait tout cela et avait vraiment mal de savoir que Solange ne voulait pas faire d'effort pour le comprendre. Il buvait son thé lorsqu'un doux parfum effleura ses narines et il dit en inspirant une bouffée d'air les yeux fermés. : « Très bon parfum.

- Merci, répondit une jeune demoiselle grande de taille et surtout très belle de visage. »

Bryce l'aperçut et la trouva belle. Il eut envie d'essayer de la courtiser. Il se demandait comment l'aborder ? Par quoi est ce qu'il allait commencer ? Aurait-elle envie de discuter avec un homme qui vient prendre du thé à 22 heures au restaurant ? Est-ce qu'elle ne profiterait pas de ce moment pour trouver un ringard qui lui payera juste son addition ? Il avait peur d'être utilisé puis rejeté. Il décida de payer son addition et rentrer chez lui lorsque le serveur lui-même, le rejoignit et il lui dit : « Ça tombe bien, j'étais sur le point de vous appeler.

- Euh…Monsieur ? Dit le serveur
- Oui. Répondit Bryce
- Voyez-vous cette demoiselle ? Dit –il en pointant les doigts sur la demoiselle qui portait le doux parfum.
- Oui, je la vois qu'est ce qu'il y'a ? Demanda Bryce.
- Bah elle a payé votre addition et m'a demandé de vous remettre sa carte. »

Bryce était surpris par cette déclaration. Il ne comprenait pas ce qui venait de se passer. Comment une fille aussi belle et élégante pouvait lui remettre sa carte et dans quelle intention avait-elle fait cela ? Etait-ce à cause de son nouveau style vestimentaire ? Il leva son regard vers cette demoiselle. Lorsque leurs regards se croisèrent, il eut peur. Il remercia brusquement le serveur, prit la carte et alla conduire sa Mercedes en direction de sa maison de luxe.

Son cœur battait à tout rompre lorsqu'il monta dans sa voiture. Il se précipitait pour la démarrer afin de fuir quelque chose dont il ignorait le nom. Qu'est ce qui venait de se passer ? Lui, Bryce James courtisé par une fille ? Pas n'importe quelle fille, mais une très belle fille et élégante. Il avait complètement oublié qu'il était déjà marié et que ces genres de choses étaient juste réservés aux célibataires. Peut-être qu'il s'était trop vite précipité vers le mariage , il aurait pu attendre encore quelques années , le temps de comprendre que c'était son style vestimentaire le problème .Si non, en vrai, il était un bel homme ,faire 2m06 de taille , avoir des muscles et un visage bien dessiné n'étaient pas permis à tout le monde. Il défilait en boucles toutes ses pensées jusqu'à son arrivée dans son palais. Il fut accueilli par l'odeur d'assiette sale et d'os broyé éparpillé sur la table à manger Il se laissa emporter par la **colère** et alla engueuler Solange dans leur chambre à coucher. Lorsqu'il ouvrit la porte, il hurla : « Solange !

- Quoi ? Quoi ? Quoi encore Monsieur James. Rétorqua-t-elle avec toutes les peines du monde.
- Ne pouvais-tu pas ranger les assiettes, les laver avant de te jeter dans le lit complètement soul ? répliqua-t-il.
- Tu es trop drôle Bryce, tu aurais voulu que je range d'abord les assiettes sales avant de les laver ? dit-elle en riant.
- Je ne compte pas dormir dans cette chambre ce soir, dit-il en claquant la porte derrière lui. »

Bryce alla laver les assiettes, nettoyer la cuisine et ranger tout le bazar qu'avait causé son épouse. Après avoir terminé, il prit une bonne douche et se coucha dans une autre chambre. Il renifla la carte de la demoiselle du restaurant en disant : « En plus, il a le même parfum qu'elle. »

A trois heures du matin, Solange s'était réveillée pour prendre une douche et brosser ses dents. Elle avait porté une robe de nuit en dentelle noire qui faisait ressortir sa petite forme guitare et avait laissé ses cheveux au naturel. Elle s'était parfumée pour rejoindre Bryce dans l'autre chambre. Solange frappa à la porte de Bryce ce qui le réveilla de son tendre sommeil et demanda : « Qui est-ce ?

- C'est moi chéri.
- Solange est-ce toi ?
- Oui, ouvre-moi s'il te plait. »

Lorsqu'il lui ouvrit la porte, un bon parfum de rose caressa ses narines et il dit : « Qu'est-ce que tu as ? Il se fait tard.

- Je dormais et j'ai senti que ton corps me suppliait de venir te serrer dans mes bras ; déclara-t-elle en se mettant le doigt dans la bouche de manière sensuelle.
- Tu es sérieuse là ? demanda-t-il en allant prendre son téléphone pour voir l'heure qu'il faisait pendant que son épouse entra dans la chambre et se mit sur le lit.
- J'étais endormie quand ton corps m'a réveillé et m'a dit qu'il voudrait être avec le mien, qu'il voudrait être en moi. J'étais d'accord avec lui et surtout prête à le laisser assouvir cette soif mais quand je me suis réveillée, j'ai compris que tu n'étais pas là et que tu avais quitté la maison. Alors j'ai pris une douche et je suis venue à ta recherche. Déclara-t-elle.
- Tu m'as trouvé, tu es satisfaite ? Demanda-t-il.
- Oui, je le suis. Je peux savoir où tu étais passé ?
- J'étais allée prendre un café. Répondit-il.
- Tu m'as manqué mon amour.
- Mais il est 3 heures Solange ! Je crois que tu devrais aller te coucher dans l'autre chambre.
- Pardonne-moi mon chéri. Je ne voulais pas te vexer, dit-elle en se levant pour s'approcher de lui.
- Qu'est-ce que tu veux concrètement Solange, t'excuser ou m'embrasser ? demanda Bryce.
- Même si je le voulais je ne pourrai pas atteindre tes lèvres à moins que…
- A moins que quoi ? »

Solange se mit à faire des sauts dans le but d'atteindre les lèvres de son époux ce qui faisait sourire Bryce. Elle continua jusqu'à les faire tomber sur le sol immaculé et dit : « Je suis désolée mon amour. »

Bryce approcha ses lèvres des siennes, l'embrassa et lui répondit : « Ce n'est pas grave. Attends que je te ramène sur le lit.

- Le sien ?
- Bien-sûr, précise-t-il.
- Ouf j'ai cru que tu voulais me ramener dans ma chambre.
- Peut-être que je le ferai après t'avoir envoyé au septième ciel. »

Bryce la souleva pour l'embrasser, ses jambes étaient de part et d'autres de son corps d'athlète il la regarda dans les yeux et lui dit : « Croises tes jambes contre mes hanches je veux te sentir entrer dans mon âme. »

Bryce empoigna de ses grandes mains les sublimes et fines fesses de Solange. Il l'embrassa dans le cou et elle eut un doux rire brutal. Ils se regardèrent un instant dans les yeux pour ensuite se dévorer les lèvres. Il caressa sa nuque, son dos, puis redescendit derrière son siège. Elle s'agrippa à lui comme un singe à sa branche. Il la posa sur le lit pour ouvrir les rideaux de la chambre. Il éteignit les ampoules de sa chambre laissant la lumière de la lune éclairer toute la chambre. Il retira ensuite tous ses vêtements quand, tout à coup, Solange se mit à rire à gorge ouverte et Bryce lui demanda : « Mais qu'est ce qui te fait rire ?

- L'ombre des feuilles sur tes fesses, ça m'a toujours fait marrer, déclara-t-elle. »

Autour de leur grand palais, étaient plantés des thuyas géants ce qui justifiait l'ombre des feuilles sur le corps de Bryce qui était près des portes vitrées coulissante. Il avança tout doucement en montant sur le lit tel un prédateur affamé proche de sa proie. Il lui retira sa robe en dentelle, l'embrassa et la caressa. Le souffle de Solange s'accélérait, ses tétons se dressèrent et Bryce comprit que le désire montait en elle. Alors, il profitait de ce moment pour jouer avec ses tétons passant de l'un à l'autre avec sa langue pendant qu'il caressa l'autre avec sa main. Il descendit, embrassa son ventre, son nombril puis lui dit : « Croise tes cuisses sur ma tête de façon à ce que ma langue fasse la fête à ton entre jambe. »

Solange ravala une gorgée de sa salive et croisait ses pieds comme lui avait demandé son époux. Quelques petits cris de plaisir s'échappaient au premier contact langue-clitoris. Bryce caressa délicatement son clitoris avec sa langue. Son bassin se releva à chaque mouvement de sa langue. Elle lui déclara : « Tu le fais si bien mon amour. »

Il se retira de son entre jambe, alla pousser la porte coulissante, laissant entrer l'air frais dans toute la chambre. Il eut la chair de poule. Les poils de son corps étaient tendus comme les piquants du hérisson. Solange le rejoignit devant la porte. Il la prit dans ses bras en la soulevant. Il les conduisit jusqu'à l'un des transats qui entouraient leur grande piscine et dit : « Faisons l'amour par ici.

- Ton érection est d'une beauté ! Je t'imagine déjà en moi, dit-elle.
- Tu es prête à la sentir n'est-ce-pas ? dit-il comme un rappeur américain en plein concert.
- Oui mon amour caresse moi ces parois gluantes. dit-elle en lui mordillant les oreilles.
- Touche-moi bébé, je veux que tu me suces. lui supplia-t-il. »

Bryce se coucha sur le transat, Solange s'approchait délicatement de son pénis en embrassant son bas ventre. Il se demandait bien à quel moment, elle allait commencer à le toucher avec ses belles lèvres. Elle le regarda d'un regard coquin, se mordit la lèvre inférieure. Bryce en était fou et trouvait cela sexy. Elle remonta jusqu'à son oreille, les mordillait avec ses dents, les titillait avec sa langue pendant que sa main caressait son torse. Elle respirait sur son visage. Bryce eut des frissons. Elle croqua sa lèvre supérieure. Ils échangèrent un baiser sensuel et langoureux. Leurs salives ne faisaient qu'une. Elle toucha son sexe délicatement avec ses doigts. Bryce ressentit comme de l'électricité traversant son bas ventre et balbutia : « Solange… Je, je, oh…

- Chut, laisse-moi te donner du plaisir, précisa-t-elle. »

Sa langue sur sa verge en faisant des va et vient avec sa bouche. Son sexe était chaud et humide. Il était envahi de plaisir, gémissait de désir et beaucoup trop excité. Elle continua à le branler, léchant sa verge de la base vers le haut. Il n'arrivait plus à faire ressortir des mots de sa bouche, sa tête regardait le ciel. Il devenait fou de plaisir et commençait à trembler. Elle continuait ses va et vient dans sa bouche jusqu'à ce qu'une envie pressante de se mettre en elle lui inonde l'esprit. Il inversa les rôles et la posa sur le transat. Il l'embrassa avant d'écarter légèrement les jambes de son épouse et la mettre en position missionnaire. Il n'hésita pas trop longtemps pour la pénétrer sensuellement, voluptueusement, lascivement et passionnellement. C'était après des va et vient stimulant et excitant que vînt ce fameux liquide qu'il s'empressât de mettre dans la bouche de son épouse. Elle l'avala avec prouesse avec délicatesse... Bryce était étalé sur le transat comme du linge. Il était plus que satisfait et n'arrivait plus à respirer normalement. Solange se leva pour se mettre sur lui. Il caressait son dos tendrement. L'air frais que transportaient les arbres leur donnait des frissons. Il lui fit un baiser dans les cheveux en lui disant : « Je t'aime Solange.

- Je t'aime aussi mon amour. Tu es toujours en colère ? demanda-t-elle.
- Pas le moindre du monde, déclara Bryce en souriant. »

CHAPITRE 4 : La conséquence.

« On démontre qu'une chose est conséquence d'une autre. Pour cela, on construit la conséquence avec l'hypothèse. » De Edmond Golot

Le lendemain matin, joue contre poitrine, seins contre ventre et ventre contre pénis. C'était dans cette posture que Bryce et Solange avaient passé la nuit sur l'un des transats de leur grande terrasse. Ils avaient dormi à la pleine lune. Leurs gardiens les avaient aperçus sans vraiment être étonnés parce qu'ils attendaient toujours ce moment pour faire l'amour dehors. Surement parce que la pleine avait la capacité de stimuler leurs sens. Solange se réveilla grâce aux chants des oiseaux, la lumière du soleil l'empêcha d'ouvrir correctement ses yeux et elle le fit savoir en s'exclamant : « Oh ! Ce soleil ! Ces oiseaux ! Bryce ?

- Oui ! dit-il en ouvrant difficilement les yeux également.

- On a encore dormi dehors ! C'est fou tout ça tu ne trouves pas ?demanda – t-elle en se levant .
- On n'a fait que manifester notre côté sauvage ! Ne dit-ton pas que l'homme est un animal politique ? précisa-t-il en souriant.
- Bah moi je rentre avant de voir disparaitre toute cette pilosité débordante autour de ton machin là ! déclara-t-elle.
- Mon machin ? Il s'agit de mon bijou de famille là ! Alors un peu de respect, rétorqua Bryce.
- J'ai rien contre mon trésor c'est lui seul qui sait me calmer dans ce monde par contre cette broussard à coté, non ! répliqua Solange.
- Broussard ? Tu dis bien broussard ? demanda-t-il en se levant et en s'approchant de Solange.
- Oui, cette forêt-là !, dit-elle en caressant les poils pubiens de son époux.
- Ne me provoquez pas ce matin madame James. dit Bryce en caressant à son tour, les fesses de Solange.
- Sinon quoi monsieur James ?
- Bryce l'a souleva les jambes de part et d'autre de ses hanche et lui : « Sinon je risque de vous faire visiter encore le paradis !
- Ah bon ? demanda Solange en approchant ses lèvres des siennes.
- Oui mais par peur que vous y habituez trop je compte régler votre compte après, pour l'heure, rentrons chez nous. Les gardiens risquent de nous voir à nouveau, dit –il en les conduisant dans la chambre. »

Ils étaient rentrés dans leur chambre. Bryce prenait son bain pendant que Solange discutait avec sa mère. Elle avait prévu aller lui rendre visite ce jour-là car elle ne l'avait pas vu depuis au moins deux semaines. Elle alla prendre sa douche après sa discussion lorsqu'elle aperçut Bryce en train de se laver et lui demanda : « Bébé, je peux ?

- Bien sûr que tu peux, si seulement tu es prête à assumer **la conséquence** de ton acte. dit-il en la prenant dans ses bras.
- **Une conséquence** ? résultante de quel acte ? questionna-t-elle.
- C'est toi qui es venue me provoquer. Tu aurais pu attendre que je finisse ou aller dans une autre chambre tout simplement, répondit Bryce
- Non, j'ai pas envie de faire l'amour ce matin .Après dans la douche ça sera dans la chambre puis dans le salon ensuite dans la salle de sport , après dans la douche puis encore dans la chambre , le salon, la cuisine et pour finir au lit. Non ! J'ai des choses à faire aujourd'hui alors je vais dans une autre salle de bain, dit-elle.
- Super ! A plus ! s'exclama Bryce. »

Solange avait fini de prendre son bain et était enfin prête à sortir. Elle vint informer Bryce qui était en train de discuter par message au téléphone et lui dit : « Je sors chéri !

- Et où est ce que tu comptes aller ? demanda Bryce.
- Chez mes parents, j'aimerai tellement raconter à ma mère toutes les dingueries qui se sont passées dans cette maison, dit-elle en riant.
- Je n'apprécie guère le fait que tu discutes de nos ébats sexuels avec ta mère. La dernière fois, elle m'a dit avec un ton familier « ENFONCE la valise dans le coffre s'il te plait ! », répliqua Bryce.
- C'est toi qui a des idées perverses, ma mère ne ferait jamais allusion à ce genre de chose, ricana-t-elle.
- Mais arrêtes de lui raconter toutes nos histoires s'il te plait, précisa-t-il.
- Mais attends un peu ? D'où tu crois que je sors tous mes petits secrets sexuels ?

- Beurk, beurk, je n'imagine même pas la vanne, dit Bryce en secouant la tête.
- Tu peux prendre le jet privé, aller sur l'une de tes iles préférées ou te joindre à-moi si tu veux, tu n'es pas obligé de rester seul dans cette grande maison, proposa-t-elle.
- Je crois que je vais me reposer un petit peu tu m'as épuisé, décida Bryce.
- Bye… monsieur James
- Je la salue.
- D'accord à plus »

Bryce lui fit un petit bisou avant son départ. Après avoir tourné en rond dans la maison, il décida d'appeler cette demoiselle dont le nom était marqué sur la carte. Bien que tout avait l'air de bien se passer avec son épouse, il n'avait pas oublié cette demoiselle qui avait osé lui donner sa carte. Il voulut comprendre l'intérêt derrière ce geste. En plus de cela, cette demoiselle lui avait bien été généreuse en payant son addition, la remercier pour cela n'était pas malsain. Il éssayait de se convaincre de ne pas être en train d'essayer de se prouver qu'il pouvait courtiser une femme. Mais c'était exactement ce qu'il était sur le point de faire. Il prit la carte, composa le numéro et la demoiselle décrocha immédiatement à son appel et dit : « Allo !

- euh …Bonjour mademoiselle Kamae Miller ! répondit-il en lisant le nom écrit sur la carte.
- Salut ! Vous êtes qui, vous ? demanda-t-elle ! Kamae. »

Le cœur de Bryce battait avec violence, il était sur le point d'engager une discussion avec une autre fille. Rien ne pouvait bien les lier et ça il le savait. Il était sûr et certain que cette fille lui avait donné sa carte pour lui faire la cour. Il avait peur mais voulait qu'à même faire cette expérience. Il se jeta alors à l'eau en balbutiant : « Excusez- moi. Euhhh .

- Vous allez ouvrir votre gueule putain ! Hurla Kamae. »

Bryce fut choqué par cette réponse. Elle venait de dire putain ? Il se demandait s'il s'agissait bien de la même fille .Il prit son courage à deux mains et continua sa discussion en répliquant avec le même ton : « Vous m'avez donné votre putain de carte hier au restaurant ! »

Cette fois-ci, c'était sa réaction à lui qui venait de le choquer. Il n'en était pas fier mais il fallait répondre ainsi pour essayer de calmer cette fille beaucoup trop agitée. Ce qui marcha et elle lui demanda : « Ah ! C'était vous le mec bien baraqué, sexy et très class qui prenait du thé à 22h n'est-ce pas ? »

Bryce fut touché par ses compliments. Elle venait de le complimenter avec une telle facilité qu'il ne faisait que sourire. Lui, un mec sexy et surtout baraqué ? Les nouveaux vêtements que lui avait achetés son épouse faisaient bien leurs effets. Il continua la discussion en disant : « Eh bien oui ! Il s'agit bien de moi.

- Quoi de neuf ? J'ai cru que vous alliez m'appeler hier mais vous ne l'avez pas fait, dit-elle.
- J'étais beaucoup trop épuisé désolé. J'aimerai me rattraper si cela ne vous gêne pas, proposa-t-il.
- Bah je suis en train de me casser la tête sur un devoir de mathématique à rendre Lundi. Si vous êtes doué avec les maths, pourquoi ne pas venir me rejoindre dans ma baraque ? suggéra-t-elle.
- Votre quoi ? Demanda-t-il.
- Bah, ma maison ça vous tente ? insista-t-elle.
- D'accord ça me tente. Répondit-il.
- Je vous envoie un chauffeur ou vous vous débrouillez pour venir ? »

Bryce se demandait bien qui pouvait être cette fille qui avait payé son addition et qui était prête à lui prendre un chauffeur .Il décida de venir avec l'une de ses voitures et répondit : « Je crois que je vais me débrouiller. Envoyez-moi juste votre localisation.

- Je vous l'envoie maintenant, dit-elle.
- Ok, à tout à l'heure alors ! répliqua Bryce.
- Ça marche ! »

Kamae lui avait envoyé sa localisation par texto. Pour s'y rendre, il avait choisi sa range rover pour éviter qu'elle puisse se rendre compte de son statut social. QUELLE IRONIE ! Arrivé au lieu indiqué, il gara sa voiture sur le parking de l'immeuble où vivait Kamae. Il se demandait dans sa voiture s'il allait laisser son alliance à son doigt ou la retirer. C'était sa première fois de courtiser une fille. Il ne voulait pas gâcher ses chances de se prouver qu'il pouvait tout seul draguer une femme et la séduire. Trop de questions jubilaient dans son esprit. Après quelques minutes de réflexion, il décida de retirer son alliance. Il descendit de sa voiture et scrutait l'immeuble en question. Elle vivait dans un bel immeuble avec une façade moderne très charmante, dans un appartement de 113 mètres carrés très bien aménagé et équipé avec des matériaux haut de gamme réalisés sur mesure. Il bénéficiait de deux terrasses avec une vue exceptionnelle. Son hall d'entrée avec ses nombreux rangements désertait à la fois l'espace de vie ainsi que le coin de nuit. La pièce principale était aménagé avec du mobilier de marque. La cuisine et ses meubles en verre laqué étaient d'une haute gamme parmi les marques. Le couloir menait à deux chambres indépendantes et leur superbe parque massive. L'une possédait une salle de bain avec baignoire îlot et d'un WC privé. L'autre suite était utilisée comme salle de sport. Elles avaient toutes les deux un accès direct à la terrasse. C'est du haut de cette dernière que Kamae aperçut Bryce. Il avait opté pour le look casual, T-shirt blanc, pantalon cargo, sneakers et des lunettes de soleil. Encore une idée de Solange. Kamae lui fit signe du haut de sa terrasse. Il l'a vit et la salua également.

Bryce se prenait pour un bad-boy, il marchait comme un rappeur dans le but d'impressionner cette belle demoiselle au langage argotique qui le regardait depuis la terrasse de son appartement. Il marchait en faisant des petits pas et en bougeant ses épaules et avait l'air un peu ridicule. Il avança à son rythme lorsque Kamae l'appela sur son téléphone et dit : « Allo !

- Oui, vous me voyez ? demanda Bryce un peu trop agité.
- Oui mais c'est trop chelou cette démarche, si vous continuez ainsi le déjeuner risque de refroidir à votre arrivé, précisa-t-elle.
- D'accord, je viens, dit-il en reprenant sa démarche d'homme responsable avant de raccrocher. »

Bryce était assis dans le canapé du bel espace de vie de Kamae pendant qu'elle lui préparait un cocktail sur l'îlot de sa cuisine. Il avait terminé de déjeuner ensemble. Il regardait avec admiration la décoration de cet espace de vie. Le sol était immaculé et tout était bien rangé. Bryce fut saisi par l'odeur ambiante qui était saine et fraiche. Kamae vint avec un cocktail de lagon bleu servit dans deux verres highball posés sur un plateau de service rond en bois naturel. Elle tendit un verre à Bryce qui se demandait bien ce que cela pouvait être. Une boisson de couleur bleu. Il n'en avait jamais bu. Toutes les boissons alcoolisées qui étaient dans sa maison appartenaient à l'ingénieure en aéronautique et en architecture nommée Solange, son épouse à qui il n'avait encore rien dit à propos de sa sortie du jour. Kamae lui donna son verre et il lui demanda : « Euh… Excusez-moi ? Qu'est-ce que c'est ?

- Vous n'avez jamais pris de blue Lagoon ? s'étonna-t-elle en le questionnant.
- Non désolé, je ne connais pas, avoua Bryce

- Alors là mon bonhomme vous n'avez pas l'air de quelqu'un qui a l'habitude de kiffer là ! dit-elle en prenant une gorgée de son verre.
- Mon bonhomme ? demanda Bryce en haussant les sourcils.
- Oh désolée, C'était juste une blague.
- Ce n'est pas grave, mais qu'est-ce que c'est s'il vous plait ?insista-t-il.
- C'est un mélange de vodka, de curaçao bleu et de jus de citron, dit-elle en retirant une cigarette de la poche de son jeans.
- Vodka ! S'étonna-t-il.
- Oui, oui, Vous ne connaissez pas ? demanda –t-elle en allumant sa cigarette. »

Une fois la cigarette allumée, elle aspira un peu de fumée dans sa bouche et la garda à l'intérieur pendant quelques instants pour que la fumée ait un peu de temps pour refroidir. Elle retira la cigarette de sa bouche, inspira profondément et expira par sa bouche. Bryce la regardait avec étonnement. Il lui répondit: « Si, je connais, mais je me demande bien quel âge vous avez pour prendre de la vodka comme ça, à votre aise. Si cela ne vous gêne pas ?

- J'ai 18ans et je suis majeure. Rétorqua Kamae.
- Je vois et vous êtes étudiante n'est-ce pas ? dit-il en massant ses tempes.
- Oui, une clope ? Proposa-t-elle.
- Non, non, euh… Merci, Qu'est-ce-que vous étudiez à l'université ?
- Je suis en première année de licence professionnelle en aéronautique.
- En plus ! Déclara-t-il en relâchant un grand souffle.
- Y'a –t-il un problème ?
- Euh…Non, J'ai un peu chaud tout d'un coup, répondit-il. »

Bryce posa son verre sur la table qui était en face de lui. Cette fille était pour lui beaucoup trop jeune pour fumer et boire de l'alcool. Il se demandait si toutes les étudiantes en aéronautique avaient un problème avec l'alcool en faisant référence à son épouse. Cette nouvelle ne l'encourageait pas à continuer sa drague même s'il s'était déjà rendu compte qu'il avait commis une erreur en appelant cette demoiselle beaucoup trop belle et très jeune. Kamae s'appercut qu'il n'avait pas encore sa boisson et lui : « Mais vous n'avez rien bu depuis et...En plus j'y ai mis des glaçons.

- Désolé, je ne bois pas d'alcool. Peut-être un verre d'eau suffirait ? demanda-t-il.
- Prenez donc, une seule gorgée, ça ne vous tuera pas, dit-elle en s'approchant de lui et en mettant ses longues jambes sur les pieds de Bryce. »

Bryce se sentit pris au piège comme une biche en plein far. Elle était très belle et avait de belles lèvres. La savoir si proche de lui l'excita. Il se sentit coupable d'un péché qu'il n'avait pas commis. Cette fille méritait-elle d'être utilisée pour juste apaiser ses envies ? Ne serait-t-elle pas en pleine crise d'adolescence ? Il était troublé et en avait honte ce qui le poussa à dire : « Euh... Non, ça va. Euh je voulais vous remercier d'avoir payé mon addition la dernière fois.

- Ah ça, ce n'est rien ! S'exclama-elle-en caressant le visage de Bryce.
- 300miles c'est beaucoup d'argent pour une étudiante ! précisa Bryce.
- L'argent n'a jamais été un problème. Alors, vous buvez ? insista-t-elle.
- Non...Euh si mais de l'eau s'il vous plait. Balbutia-il »

Kamae se leva avec élégance en regardant Bryce avec désir. Elle avait de très belles jambes et était vraiment séduisante. Il était difficile pour Bryce de ne pas être attiré par elle, mais il avait peur de faire une bêtise et aussi peur de lui dire à quel point toutes ses caresses ne le laissaient pas indifférent. Il se sentit tout d'un coup délivré d'un lourd poids quand elle se leva. Il se demandait bien ce qu'il était venu faire dans cet appartement beaucoup trop propre lorsque Kamae lui apporta son verre d'eau.

- Merci ! dit Bryce un peu trop embrouillé.

Elle se rassit près de lui encore une fois. Cette sensation de la sentir près de lui le gênait beaucoup. Comment est-ce qu'il pouvait ressentir ses choses pour une autre fois. C'était comme s'il la désirait, comme s'il voulait la cajoler avec ses lèvres. Il avait des idées perverses qui lui montaient dans la tête petit à petit. Qu'est ce qui pouvait bien se cacher derrière ce magnifique jeans ? Comment était la couleur de ses cuisses ? Comment son corps pouvait-il réagir en contact du sien ? S'en était trop pour lui. Il bougea un petit peu dans l'unique but de mettre une distance entre leurs corps car **la conséquence** de ce rapprochement lui serait inévitable.

- Alors miss Kamae, on le fait ce devoir de maths ?

Kamae se mit à rire. Elle voyait que Bryce était stressé et avait peur. Mais de quoi avoir peur ? Il n'avait pas son alliance et elle se disait surement qu'il était un cœur à prendre. Pour certaines femmes, tant que tu n'es pas marié, alors tu n'appartiens à personne. Tu es sur le marché et toutes celles qui te voudront devons payer le prix fort. Concernant Kamae, payer le prix fort était d'inviter un parfait inconnu dans sa maison sans vraiment penser aux conséquences s'il s'agissait d'un tueur en série. Aveuglement drogué par ses désirs envers ce bel homme, elle se leva laissant son verre sur la table avec Bryce pour aller récupérer ses effets scolaires. À son retour, Bryce tenta de résoudre l'exercice de mathématique Kamae avait du mal à résoudre. Ce qui justifie ironiquement sa présence dans cet appartement beaucoup trop propre.

- Je crois que c'est une équation à 7 inconnus. Informa Bryce.
- 7 ! s'étonna-t-elle.
- Oui, mais je crains ne pas pouvoir la résoudre pour vous. précisa Bryce

Kamae se rapprocha encore de Bryce et referma le cahier d'exercice après que Bryce ait pris la photo de l'exercice pour l'envoyer à son épouse. Il savait qu'elle avait toute l'intelligence nécessaire pour résoudre ce genre d'exercice. Et puis, il lui avait signifié qu'il s'agissait de l'exercice de la petite sœur à l'un de ses amis à qui il était venu rendre visite.

- Dites-moi, au restaurant, c'est bien du thé que vous avez pris ? demanda Solange en fumant toujours sa cigarette.
- Oui, pourquoi ? répondit Bryce.
- Je me demandais bien ce que vous faites dans la vie pour prendre du thé à 300milles.
- Ah ça ! Je travaille dans une société de fabrication de boite métallique.
- Ah mais c'est super ça. Dit-elle en caressant les cuisses de Bryce.

Bryce se leva brusquement, tomba et renversa le verre d'alcool qui était posé sur la table, sur son T-shirt. Cette caresse avait créé un électrochoc dans son froc. Cette fille n'était pas consciente de ce qu'elle venait de faire. Bryce savait très bien ce qui pouvait arriver s'il la laissait continuer ainsi. Voulait-il vraiment arrêter tout ça ? Alors, pourquoi s'était-il fait aussi beau et séduisant pour venir rencontrer une femme qui lui avait donné sa carte ? Pourquoi s'attendait –t-il à autre chose quand tous les indices étaient mis à la table ? C'était l'heure de se servir un autre déjeuner, un déjeuner lubrique. Il se releva précipitamment en ayant toutes les peines du monde. Ses émotions et ses désirs lui jouaient des tours.

- Je... Euh ...Suis...Euh vraiment désolé. Je...Euh...Vais tout nettoyer. J'ai...Euh... juste besoin d'une serpillère... Euh... Et d'un produit désinfectant, bégaya Bryce.
- J'espère que vous ne vous êtes pas fait mal .Retirez votre T-shirt pour que je le nettoie, dit Kamae en s'inquietant.
- Non ...Euh...Ça va, je ne veux pas vous déranger. Dit-il en se relevant.

Il sentait l'alcool et ne pouvait pas rentrer à la maison avec une odeur d'alcool de peur de tomber nez à nez sur sa femme qui était peut-être déjà rentrée. Il était l'ange à la maison celui à qui on pouvait faire confiance pour ne trouver aucune trace d'alcool ni de drogue dans son sang. Mais après cette physique en fumée, c'était certains qu'il était déjà intoxiqué par la clope de Kamae. Il décidait de se mettre torse nu et de laisser Kamae lui nettoyer son vêtement. Pendant qu'elle arrangeait tout le bazar, Solange lui envoya la correction de l'excice de la petite sœur de son sois disant ami par mail.

- J'ai pu trouver la solution à votre devoir,dit Bryce en lui montrant l'image de la correction que lui avait envoyée son épouse.
- Putain ! C'est génial ! Comment avez-vous fait ?s'exclama-t-elle.
- Bah je l'ai envoyé à un contact qui se débrouille pas mal en mathématique et elle l'a résolu.
- Elle ? Demanda Kamae d'un regard indiscret, ombrageux et jaloux.
- Oui, c'est ingénieure en aéronautique, répondit Bryce en voulant se tirer d'affaire.
- Mais c'est super, s'exclama Kamae, je peux avoir son contact s'il vous plait ?
- Euh... Non, elle n'aimerait pas.
- Pourquoi ? Si ça se trouve, elle a fait la même école que moi.
- Vous êtes bien dans une université du pays n'est-ce-pas ? demanda-t-il.
- Euh... Oui.
- Bah elle a étudié dans une école privée d'excellence. dit-il avec fierté.
- Ses parents doivent se faire un max de pognon alors ! s'exclama-t-elle en éteignant sa cigarette dans un cendrier.
- Si, ses parents sont vraiment riches mais je ne vois pas trop le rapport avec le fait qu'elle eut fait ses études dans une université d'excellence.
- Mon père est ministre, il a essayé de parler à ses contacts pour que je puisse intégrer cette école mais ils ont refusé, répondit-elle.
- Pourquoi ?
- Je ne sais pas trop mais je suis certaine que c'était une histoire de fric, sinon qui ne voudrait pas de la fille du ministre dans établissement ?
- Vous avez eu quelle mention au BAC s'il vous plait ?
- Passable pourquoi ?

- Juste pour savoir, dit Bryce un peu troublé.

Bryce comprit qu'il n'avait absolument rien à faire dans cette maison. Cette jeune fille avait surement des problèmes d'éducation. Comment pouvait-elle penser que le simple fait d'être ministre était une raison assez justifiable pour se permettre tous les privilèges du monde ?

- Alors si ce ne sont pas ses parents qui l'ont fait entrer dans cette école avec leurs pognons vu qu'ils sont super riches ! Comment est-ce qu'elle a bien pu faire pour entrer dans cette école, demanda Kamae.
- Je ne sais pas trop, répondit Bryce avec désintérêt. Comment est-ce qu'elle n'a pas pu deviner que c'était l'intelligence de Solange qui lui avait permis d'entrer dans cette école d'excellence ?
- Peut-être qu'elle baisait avec quelqu'un dans l'administration ! déclara Kamae en prenant une gorgée de plus de sa vodka.
- NON ! , s'exclama Bryce avant de se calmer immédiatement, Mais elle a reçu une bourse d'excellence après son BAC ce qui lui a permis de pouvoir intégrer cette école.
- Une bourse d'excellence ? Ça existe encore ça ? Demanda-t-elle ?
- Bien sûr que oui et si vous travaillez bien pendant vos trois années de licence vous aurez la chance de continuer votre cycle ingénieur dans cette école. Rétorqua-t-il.
- Bon ça va, laissons tomber les études, parlons de nous,dit-elle en se frottant encore à lui.

Bryce ne voulait pas être malpoli envers cet enfant de riche beaucoup trop gâté pour lui. Quand il avait son âge, les livres étaient ses meilleurs amis. Il n'avait pas le temps de se frotter aux femmes juste parce qu'il en avait envie bien qu'il en avait pas le courage cette idée ne lui avait pas effleuré l'esprit. Se marier avec une femme qu'il ne connaissait pas n'était pas ce qu'il avait souhaité mais avec le temps il comprit pourquoi leurs parents les avaient proposés l'un pour l'autre même si des surprises comme l'incapacité de Solange à tenir propre une maison, son amour pour l'alcool et le fait qu'elle avait déjà connu d'homme avant lui, lui faisaient regretter souvent son choix, le fait qu'elle soit intelligente, travailleuse et ambitieuse le rendait bien plus qu'heureux. Il comprit que Solange avait raison, le laisser seul avec une femme n'était une bonne idée. Il s'était senti influencé par les paroles du fleuriste. Venir tromper sa femme tout simplement parce qu'un inconnu l'avait pris pour le cuisinier de la maison ? Quelle bêtise c'était !

- Euh…Je crois que je vais vous transférer la correction sur votre téléphone pour que vous la recopiiez. Les explications y sont aussi Je… Je vais rentrer, décide-t-il.
- Torse nu ?l'avertit-elle.
- Ah, oui mon T-Shirt, je peux l'avoir s'il vous plait ? Et j'ai toujours l'odeur de l'alcool sur mes vêtement est ce que je peux avoir votre parfum ? Euh… Non pas votre parfum. Puis-je prendre une douche ?

Pendant qu'il se débattait avec ses mots, Kamae le regardait en souriant et en s'imaginant couchée sur son beau et large torse. Elle ne comprenait rien de tout ce qu'il racontait. Ce gars était beau, attirant et friqué. Son parfum même m'était en relief son statut social. Il n'avait pas à se vanter de quoique ce soit, à le voir, il est facile de savoir qu'il était un homme qui avait beaucoup à offrir. Surtout, beaucoup de jouissance !

- Eh, oh ! Je peux avoir mon T-Shirt s'il vous plait ?dit Bryce en essayant de réveiller cette petite rêveuse.

Kamae reprit ses esprits. Bryce voyait bien l'effet qu'il pouvait faire aux femmes. C'était vraiment étonnant ! Comment un homme avec tant de class aurait pu douter de son charme ? C'était justement à cause de cette beauté beaucoup trop abusée que Solange qui était à peine rentrée à la maison s'inquiétait de ce que son mari était en train de faire … Le téléphone sonna quand Kamae parti récupérer le T-shirt de Bryce.

- Allo ?
- Je suis rentrée et ça fait genre 30minutes et je ne te vois toujours pas. Où – es –tu ? Demanda Solange.
- Je suis toujours chez mon ami, celui qui a sa petite sœur en licence d'aéronautique. Répondit-il.
- La fille dont on avait parlé par texto c'est ça ? demanda-Solange.
- Oui, euh…Et j'arrive.
- Dis-moi que tu m'aimes là maintenant ! demanda Solange.

Solange avait compris qu'il n'était pas chez un ami mais plutôt chez une amie ! Elle voulait s'assurer qu'il s'agissait bien d'une AMIE !

- Je t'aime Solange, ça va ? Tu es satisfaite ? dit-il en souriant.
- Où es-tu ?
- Je suis chez mon ami.
- Bryce toi et moi savons que tu n'as aucun ami du nom de Miller. Qu'est-ce que tu fous chez la fille du ministre ? demanda Solange en hurlant.

Bryce resta choqué par cette information. A aucun moment il lui avait communiqué cette information qu'il venait lui-même d'apprendre il y 'a de cela 5minutes à son épouse.

« Comment t'a su ? s'exclama Bryce tout consterné.

- Figure-toi que sur la feuille de l'exercice que tu m'avais envoyé, son prénom et son nom de famille y étaient et ça n'a pas été compliqué pour moi de trouver toutes ses informations sur elle grâce à l'une de mes applications. Tu me connais n'est-ce pas ? Je suis une professionnelle dans l'espionnage surtout quand il s'agit de mon mari alors tu vas rentrer tout de suite à la maison ou c'est moi qui viendra te chercher ! Exigea-t-elle.
- Tu sais aussi où elle vit ? lui demanda Bryce.
- Bien-sûr que oui !

- N'est-ce pas illégal ce que tu fais ?
- Peut-être mais au moins ça me permet de te surveiller.
- Me surveiller pourquoi ? N'est-ce pas toi qui me disais que je ne savais pas draguer de femme ? Dit-il en riant.
- Arrête, ça ne me fait pas marrer !
- Bon j'arrive et je vais tout t'expliquer à mon arrivé d'accord ? déclara Bryce.
- Bryce, j'ai ton T-shirt il est tout propre », dit-Kamae.

L'appel avec Solange n'était pas terminé, elle entendait tout ce que disait Kamae. Bryce se rendu compte de cela et raccrocha de sitôt.

« Mais pourquoi avez- vous raccroché votre appel subitement ?
- Euh…Pour rien, où se trouve votre salle de bain S'il vous plait ?
- Dans ma chambre, venez, je vous y conduis. »

Bryce suivit Kamae pour se débarbouiller, il ne voulait pas sentir l'alcool en rentrant chez lui. Il était troublé, Solange avait su sa petite escarpâtes du jour. Il se demandait bien ce qu'il aurait ressenti si les rôles étaient inversés.

Pendant qu'il prenait son bain, Kamae se décidait de le prendre avec lui. L'eau s'écoulait doucement sur le torse nu de ce bel étalon. Sa moiteur ambiante et son regard innocent incitaient Kamae à se dévêtir pour le rejoindre. Elle l'observa se doucher à l'arrière de sa salle de bain à travers la vitre. En ce même moment, Solange descendit de sa voiture tentant de joindre son époux au téléphone. Celui-ci ne répondait pas parce que ses vêtements étaient sur son téléphone et étouffaient le volume sa sonnerie. Solange était inquiète et sentait que quelque chose de bizarre était en train de se passer. Elle observa minutieusement l'immeuble et aperçu une silhouette de femme portant des sous-vêtements essayant de regarder quelque chose à travers une fenêtre. Lorsque Kamae se décida de retourner dans la chambre pour rejoindre Bryce, Solange l'a reconnu immédiatement. Elle compta les appartements en dessous de celui de Kamae et trouva le numéro qui correspondait au sien. Pendant ce temps, Bryce fut saisi de frayeur, Kamae était toute nue en face de lui. Il venait pour la première fois dans sa vie de mater un corps nu différent de celui de son épouse. Il ressentit une gêne au fond de lui. Une autre femme venait de découvrir son corps tout entier, lui, un homme responsable et beaucoup réservé. Quel esprit l'avait poussé à transformer son week-End en catastrophe ? En plus de toute cette gêne, il n'arrivait pas à atténuer ses frissons qui activèrent son érection.

« S'il vous plait faites-moi l'amour. Demanda-Kamae d'une voix douce.

- Venez dans mes bras. Ordonna Bryce d'un ton protecteur et séduisant. Au moment où leurs deux corps étaient sur le point de se frôler, Solange sonna et frappa à la porte en hurlant le nom de son époux.
- BRYCE ! BRYCE ! BRYCE, ouvre-moi cette porte ou je la démonte. »

Bryce sortit immédiatement de la douche, enfila ses vêtements. Ils étaient mouillés sur lui. Il prit son téléphone et ses clés puis alla ouvrit la porte à Solange.

« Mais pourquoi es-tu trempé ainsi ?demanda Solange toute surprise. »

Il ne répondit pas, sortit de l'appartement puis démarra sa range rover en direction de son palais. Solange était restée un moment avant d'emprunter les mêmes directions que son mari.

« Je suis certaine qu'il ne t'a pas fait l'amour, sinon tu serais entrain de t'endormir comme un bébé, déclara-t-elle toute énervée. »

Kamae resta stupéfaite face à ce petit bout de femme qui se tenait en dessous d'elle.

« Je vous aurez jeté par la fenêtre si les lois n'existaient pas, dit-Kamae en lançant un regard farouche à Solange.

- Pour l'heure c'est mon mari qui vous a rejeté comme de la merde !
- Votre mari ?

- Oui, ne jouez pas la maline avec moi petite pin bèche.
- Partez donc demander à votre MARI où est-ce qu'il avait caché son alliance et pourquoi ! »

Elle sortit en claquant la porte derrière elle. A son arrivé à la maison, Bryce était assis dans le canapé en train de regarder un match de basketball. Il savait très bien qu'il avait merdé. « Bonsoir chérie. Dit-il en venant la serrer dans ses bras.

- Pousses-toi ! Qu'est-ce que j'ai bien pu te faire pour que tu partes te déshabiller devant une autre femme ? Hurla-t-elle en pleurant. »

Bryce vu le désespoir dans les yeux de sa femme. Il était conscient que si elle n'avait pas débarqué à temps, il aurait franchi la ligne rouge. Il comprit dès cet instant qu'il pouvait séduire une femme et même plus, lui faire l'amour. Pour lui, il fallait à ce jour fuir les autres femmes car mieux vaut prévenir que guérir.

« Calme toi, calme toi mon cœur vient dans mes bras. Je vais tout t'expliquer. Dit-il d'une voix calme.

- Tu ne m'aimes plus c'est ça ? Le fait que nos parents nous aient mariés te pose des problèmes n'est-ce pas ? Si tu ne voulais pas de moi, pourquoi avoir accepté ? Je te rappelle qu'un mariage arrangé n'a absolument rien avoir avec un mariage forcé, hurla Solange.
- Je le sais, je suis vraiment désolé, j'ai été très stupide. Dit-il.
- Comme un mouton. Précisa-t-elle.
- Oui comme tous les animaux du monde si tu veux.
- Laisse-moi tranquille, je suis fatiguée.
- Va prendre une douche »

Solange se mit dans une très grande colère.

- C'est ça, n'est-ce pas ? Tu trouves que je pue et que je suis sale. Hurla-t-elle.
- Je ne t'ai jamais dit que tu puais, arrête-là tu abuses.

- J'abuse ? Tu étais mouillé dans la maison d'une jeune fille à moitié nue et tu me dis que j'abuse ?
- Je suis désolé, calme-toi. Tu risques de tomber malade si tu continues à pleurer ainsi, dit-il.
- Bryce, est-ce le fait de t'avoir dit que tu ne savais pas dragué qui t'a poussé à essayer de me prouver le contraire ?
- J'avoue que oui. »

Solange était choquée. Elle s'était bien excusée pour cela.

« Mais je me suis excusée n'est-ce- pas ?dit –elle en pleurant.

- Oui et je suis désolée mais…
- IL N'Y A PAS DE MAIS ! tu allais aller me tromper ,à cause d'une dispute ?
- Tu as fait pareil quand je t'ai demandé de faire la vaisselle n'est-ce pas ? Tu sais très bien que je suis MYSOPHOBE mais tu as laissé les assiettes sales, les os , le verre sale sur la table , n'est-ce pas ? J'ai eu mal mais j'ai fini par nettoyer tout le bazar à mon retour !
- Ce n'est pas pareil, dit-Solange toute épuisée.
- Bien sûr que c'est pareil ! Sache que les douleurs ne se mesurent pas. Est-ce que tu sais ce que j'ai ressenti quand tu m'as rappelé que je ne savais pas draguer ?
- Quoi, quoi ? Dis-moi ce que j'ai dit de mal pour que tu puisses aller me tromper. Est-ce faux, que tu ne savais pas dragué ?
- Tu fais bien de dire savais, parce que maintenant oui, je sais le faire, dit-il avant d'aller dans une chambre de la maison. »

Solange reçut comme une balle dans le cœur. Son doux et gentil mari était en train de se comporter en un mari infidèle. Elle alla dans l'une des chambres de la maison pour se réfugier. Bryce se trouvait également dans cette chambre. Il était assis près de la porte coulissante et observait le jardin.

« Tu pleures ? Demanda Solange.

- Laisse-moi tranquille Solange ! Hurla Bryce.
- Mais, chéri, sérieux tu pleures vraiment ?
- Je fais tout pour que tu sois heureuse, tout pour que tu ne retournes pas à tes anciennes habitudes, je passe tout mon temps libre avec toi, même mes moments avec mes amis tu y es mais tu refuses catégoriquement de me respecter. Je t'avais dit de rester à la maison et que j'allais t'y rejoindre pour tout t'expliquer mais tu as fait comme bon te semble et a débarqué comme une folle dans la maison de cette fille que tu ne connais même pas, déclara Bryce en pleurant comme un enfant.
- Tu me reproches quoi au juste soit plus clair ! Exigea Solange.
- Solange JE T'AIME! Mais toi tu ne me comprends jamais, dit-il d'une voix plus calme.
- Aujourd'hui, tu m'as donné raison sur toute la ligne, sur tout ce que je voulais éviter en amenant une femme de ménage à la maison. »

Bryce comprit que sa femme avait raison sur toute la ligne, si elle l'avait respecté comme il le voulait, il l'aurait déjà trompé avec cette jeune fille qui était surement en crise d'adolescence.

« Je te demande pardon, si je suis allée voir cette fille c'était pour essayer de faire face à la réalité, déclara Bryce !

- Laquelle ?
- Ma mère a quitté mon père quand j'étais jeune pour se remarier avec un homme plus riche que mon père. Elle m'a abandonné et n'est plus jamais revenue. Quelques temps après, la situation sociale de mon père c'est arrangé. Il était devenu riche. Je voyais comment les femmes entraient dans sa vie juste pour son argent et en ressortaient lorsqu'elles avaient déjà obtenu ce qu'elles voulaient. Je voulais éviter qu'une femme m'utilise et

m'abandonne alors j'ai commencé par négliger mon physique pour éloigner les filles de ma vie et surtout les filles pauvres. »

Solange se mit à rire.

« Les filles pauvres tu dis ? Demanda-t-elle.

- Oui, je ne dis pas qu'elles sont toutes pareilles mais je me méfis juste des filles opportunistes. Quand mon père m'a parlé de toi et de ta famille j'ai tout de suite accepté.
- Donc si mes parents n'étaient pas riches, tu n'allais jamais m'accepter ?
- Jamais ! Dit-t-il en riant.
- Moi mes parents m'ont parlé de toi, de ta famille, de tes diplômes mais je ne voulais pas me marier avec toi. Ils disaient que tu étais sage et que tu allais m'aider à stopper les boites de nuit et l'alcool.
- Au moins j'ai réussi quelque part parce que l'alcool là tu n'arrêtes pas. Dit-il en essuyant ses larmes.
- Ils m'ont aussi dit que tu ne buvais pas d'alcool, que tu étais sage et que tu n'avais jamais connu de femme.
- Mon père n'a pas osé vous donner cette information qu'à même .Dit-il tout étonné.
- Bah si, il l'a fait et c'est ce qui m'a poussé à te détester encore plus.
- Me détester ?
- Oui, un homme qui n'avait jamais connu de femme, pour moi coté sexe je me disais que tu n'allais pas vraiment assurer.
- Mais j'assure en vrai ou pas ?
- Tu es un dieu du sexe et je me demande bien où est ce que tu as appris tout ça, notre lune de miel restera à jamais gravée dans ma mémoire.
- Je lisais beaucoup de livres érotiques et faisait beaucoup de sport aussi. »

Tous les deux se mirent à rire. « Alors, si tu me détestais tant, pourquoi avoir accepté de m'épouser ? lui demanda Bryce.

- Alors là, c'est un peu trop privé.
- Vas-y, raconte-moi tout, s'il te plait.
- Bon bah, quand je t'ai vu, j'ai tout de suite craqué. Je me suis posée trop de questions ce jour-là. Est-ce ce bel homme qui n'avait jamais connu de femme ? Est-ce ce bel homme qui était discret, calme, intelligent et riche ? J'ai tout de suite flashé. J'étais prête à te suivre partout où tu iras.
- J'avais fait exprès de m'habiller comme un fou ce jour-là, tes parents en étaient fâchés, mais tu as réussi à les convaincre, que cela ne te gênait pas .C'est un peu ce qui m'avait fait craquer et je me suis dit que j'allais tout faire pour te rendre heureuse pour ne pas qu'on ait à divorcer un jour. Je ne voulais pas perdre une femme qui m'aimait tel que j'étais. »

Bryce et Solange s'étaient calmés et avaient compris pourquoi ils s'étaient mariés. Essayer de se rappeler de ce qui les avait réuni les a permis de se relever et de continuer de se battre pour ne pas arriver au divorce. Bryce promit de ne plus jamais tenter de se trouver seul avec une femme et Solange décida de faire la vaisselle et de ranger tout autour d'elle.

Après avoir fini de diner le repas qu'avait ramené Solange hier, pour la toute première fois depuis qu'ils vivaient ensemble, elle décidait de débarrasser et de faire la vaisselle .Bryce était venu la trouver entrain de ranger les assiettes lorsqu'elle vu de la pâte de farine couverte par un film alimentaire dans une casserole.

« Tu vas faire des beignets ? Demanda Solange..

- Oui, j'aimerai que tu m'aides à pétrir la pâte.
- Avec plaisir. »

Bryce la conduisit au robinet pour lui laver les mains. Il prit un torchon propre pour les essuyer. Il la positionna devant lui. Tous les deux étaient en face de la pâte à pétrir. Bryce s'avança, calla son ventre contre le dos de Solange ainsi, il se rendit compte que les fesses de cette dernière étaient loin de son engin.

« Attends une minute, je vais mettre mes hauts talons. Dit Solange toute excitée. »

Bryce attendait Solange avec impatience. Il était sûr qu'après ce moment torride et plein de passion, ils finiraient par s'endormir paisiblement laissant derrière eux cette mauvaise journée. Solange vint avec ses talons aigus, se déhanchant comme une déesse. Quand ses talons claquaient l'esprit de Bryce se vidait de tout sauf de cette image de lui en elle sur ses hauts talons. Elle était face à lui les yeux non loin des siens grâce à ses talons haut, comme s'ils avaient été inventés pour toutes les femmes qu'on arrivait à embrasser que sur le front. Son regard était comme mort lorsqu'elle l'avait trouvé mouillé dans l'appartement de Kamae mais à le regarder de près comme ça les yeux dans les yeux, les échanges de souffles qui caressaient le visage de l'autre, elle sentit que son homme ne l'avait pas trompé et qu'elle pouvait laisser ressusciter ce regard amoureux qu'elle a toujours eu en étant si proche de lui. Il lui sourit et elle reçut comme de l'électricité traverser tout son corps. Un seul sourit de son bel amant équivalait à douze années de bonheur. Bryce la conduisit encore vers le robinet pour lui relaver les mains. Ainsi, il les essuya et revenaient pétrir leur pate. Enfin, il pouvait sentir les fesses de son épouse là où il le fallait. Il s'avança pour pétrir la pâte et colla durement son érection contre les fesses de son épouse. Ce choc l'avait propulsé contre les parois de l'îlot de la cuisine ce qui donna un coup à son vagin. Elle se sentit prise au piège. Bryce la serrait encore plus fort en malaxant la patte. Il plaça ses doigts au-dessus de ceux de Solange. Ensuite il conduisit ses doigts dans un pétrissage sensuel. Chaque mouvement donné à la patte reflétait le déhanchement de Bryce sur son épouse. On pouvait entendre des gémissements incohérents sortir de la bouche de Solange. Chaque mouvement de son époux lui provoquait un soupir. Bien synchronisé, le pétrissage qu'elle se laissait faire, les mouvements de va et vient sur la pâte nourrissait le désir dévorant de Bryce. Tout d'un coup, il conduisit

Solange vers le robinet les fesses toujours collées à son pénis tel un aimant. Il leur lava les mains ensuite la cambra en la mettant en position levrette.

« Bonté divine .Déclara Solange. »

Bryce lui retira sa robe est ses sous-vêtements. Il glissa son doigt dans son orifice qui était humide. Solange sentit son sexe dégouliner de plaisir. Bryce se coucha sur le dos de Solange en usant de ses mains pour pétrir ses fesses. Ensuite il prit son sexe dur, vrai et imposant pour l'enfoncer directement dans le vagin de son épouse. Tous les deux gémissaient de plaisir. Ces va et vient dans l'orifice lui procuraient des vibrations exaltantes, enivrantes et envoutantes. Après avoir été pénétré avec bonheur durant un moment, elle alla dans leur jardin prendre une douche toute nue caressée par le vent frais que transportaient les plantes de la maison. Pendant ce temps, Bryce avait fini de prendre son bain, il allait rejoindre son épouse dans le jardin lorsqu'il reçût un message sur son téléphone.

De : Kamae Miller Objet : Quelque chose à terminer À : James Bryce.

Mec ! Je ne savais pas que tu étais marié. Pourquoi avoir retiré ton alliance ? Je t'ai montré mon corps ! Je t'ai fait confiance et je t'ai invité dans ma putain de maison ! Tout ça pour que ta femme vienne me traiter de tous les noms ? J'aimerai qu'on se parle et mette les choses au clair !

Kamae Miller, Etudiante en aéronautique.

Bryce était troublé, devrait-il revoir cette fille encore une fois ? Cela ne gâcherait-il pas son mariage ? Il était perdu et tout ce qu'il voulait c'était de retrouver son calme et sa paix. Malheureusement pour lui, il y'a bien une fille dehors avec qui il a des comptes à régler. Kamae n'aurait pas dû recevoir toutes ses insultes s'il avait porté son alliance et dit qu'il était marié. Alors il décida de la revoir dans le but de s'excuser. S'excuser ? Sincèrement ? Il s'était convaincu qu'il pouvait être un homme fort et ne pas céder à la tentation parce qu'il aimait son épouse. Il répondit finalement à ce message après un bon moment de réflexion.

De : James Bryce Objet : Un accord À : Kamae Miller

Salut, j'aimerai qu'on se revoie. Je crois j'ai des choses à te dire.

James Bryce , Directeur générale de KML Entreprise.

EPILOGUE

La colère, vous avez vu avec moi les conséquences de la colère à travers le roman premier amour 1. La colère est un état capable de détruire la vie de plusieurs personnes si elle n'est pas contrôlée ou maitrisée. Sous l'effet de la colère, beaucoup de personne se remplissent de rancune, de rage, de méchanceté et finissent par se transformer en des monstres. La colère viendra toujours dans la vie d'un être humain parce que les gens ne feront jamais tout ce qu'on attend d'eux. Mais est-ce une raison pour les laisser nous détruire la vie ? Est-ce une raison pour les laisser nous faire du mal ? Non ! La colère doit être maitrisée et supprimée au même moment qu'elle s'installe pour ne pas lui donner suffisamment de temps pour grandir en nous. Pour arriver à vaincre la colère, il faut faire comme Solange, lorsqu'elle s'est imaginée que son mari avait changé et qu'il était redevenu l'homme qu'elle a toujours aimé. L'imagination, l'influence, la colère et la conséquence nous ont dirigés dans cette première partie de ce roman. Que direz-vous de **la prétention** pour commencer le premier chapitre du roman « Premier Amour 2 » annoncé par la citation du célèbre joueur du football français Kylian Mbappé « L'ambition, c'est l'endroit vers lequel on se sent capable d'aller. La prétention, c'est plutôt de se vanter de viser des choses qui ne sont pas du tout à ta portée, qui ne sont pas pour toi. Au fond de soi, chacun sait de quoi il est capable. »

Table des matières

Printed by Books on Demand GmbH, Norderstedt / Germany